FACULTÉ DE DROIT DE RENNES

THÈSE

POUR

LA LICENCE

RENNES

IMPRIMERIE GÉNÉRALE DE L'OUEST -- L. HAMON

Place de la Mairie, et 6, rue d'Orléans

1878

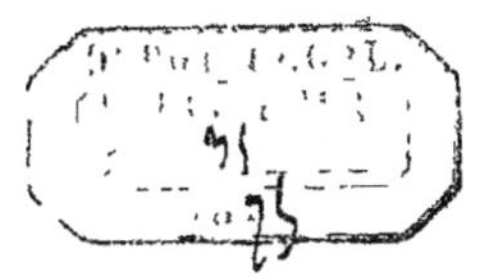

DE LA RÉVOCATION

DES

TESTAMENTS

UNIVERSITÉ DE FRANCE. -- ACADÉMIE DE RENNES

FACULTÉ DE DROIT

THÈSE POUR LA LICENCE

JUS ROMANUM. . . . . Quibus modis testamenta infirmantur (Institut., Lib. II. tit. XVII. — Dig., Lib. XXVIII, t. III).

CODE NAPOLÉON. . . De la révocation des Testaments (Code Nap., art. 1035, 1038, 1046, 1047).

Cette Thèse sera soutenue le 15 mars 1875

A DEUX HEURES DU SOIR

Par M. Pierre-Ferdinand COUILLARD

Né à Mandeville (Calvados), le 1er mars 1849

RENNES

IMPRIMERIE GÉNÉRALE DE L'OUEST. — HAMON

Place de la Mairie, et 6, rue d'Orléans.

1875

A MA FAMILLE

A MES AMIS

JUS ROMANUM

QUIBUS MODIS TESTAMENTA INFIRMANTUR

(Justin., Institut., Lib. II, tit. XVII. — Dig., de injusto, rupto, irrito facto
testamento, Lib. XXVIII. tit. III).

PROŒMIUM

Haud dubium est ab initio nullum haberi testamentum in quo
quædam solemnitates ut jure valeat necessariæ defuerunt, et
nullo temporis lapsu convalescere posse.

Attamen nonnunquam accidit ut testamentum, nulla quidem
juris omissa regula, ruptum tamen postea, irritumve aut destitutum fiat.

Ergo testamentum jure factum usque adeo valet donec rumpatur irritumve fiat.

Jurisconsulti, quia commodius erat singulas causas singulo no-
mine distingui, *injustum aut non jure factum, inutile,* et ali-

quando *imperfectum* æstimant et dicunt testamentum quod contra juris præcepta factum est, id est, ubi solemnia juris defuerunt, aut *nullius momenti*, quum filius, qui fuit in potestate patris, præteritus est.

Hoc nos Gaïus (Comm. XI, §§ 118 et 119) monet, cum asserit non valere testamentum quum « familia non venerit, aut nuncupationis verba testator locutus non sit. » Injustum igitur appellabimus testamentum quod juris justitiæque præceptis repugnat.

De his quidem diversis locutionibus, id est de *injusto* seu non jure facto testamento, item de eo quod nullum est seu nullius momenti, non amplius curandum est.

Cum autem, in Justinianeis Institutionibus, *de inofficioso testamento et quibus mo⋅lis testamenta infirmantur*, inscriptos solummodo titulos inveniamus, in Digestis vero *de injusto..... testamento*, titulus inscribatur, nobis quidem inquirendum est qua discriminis ratione hæc singula differant.

Quid sit *injustum* testamentum jampridem explicare conati sumus.

Ruptum vero proprie dicitur testamentum quod rite perfeçtum, *agnatione* seu *hœredis* aut *posteriore testamento* ex quo hæres existere poterit, infirmatum est.

Irritum constituitur quum, mutato testatoris statu, inutile factum est; et *destitutum,* quum ex ipso testamento nemo adiit hæreditatem; seu in hoc quoque casu sæpius *irritum* dicitur.

Inofficiosum est testamentum quod contra pietatis officia factum est.

Caducum est testamentum.

Exinde quidem apparet operis nostri triplex divisio; *primo* igitur *capite de rupto testamento, secundo de irrito, tertio tandem de inofficiosio, quarto* tandem *de caduco* disseramus.

CAPUT PRIMUM

TESTAMENTUM RUPTUM

QUOTUPLICI MODO RUMPATUR TESTAMENTUM

§

TESTAMENTUM RUPTUM AGNATIONE SUI HÆREDIS

Rumpitur testamentum quum, in eodem statu manente testatore, ipsius testamenti jus vitiatur.

Testamentum rumpitur agnatione sui hæredis : id est, si suus hæres agnascatur qui neque hæres institutus, neque ut oportet exhæredatus sit.

Quibus autem casibus, *sui hæredis* agnatio vel quasi agnatio superveniat, inspiciamus.

Agnascitur autem suus hæres :

1° Aut agnascendo: Quum, facto antea testamento, id est, post factum testamentum, filius vel filia testatori natus sit;

2° Aut in locum sui hæredis succedendo, veluti nepos qui, mortuo vel emancipato patre, in proximam testatoris potestatem redactus fuerit;

3° Aut in adoptando, ut nos monet imperator, si quis adoptaverit sibi filium, per imperatorem, eum qui sui juris est, aut per prætorem, secundum Justiniani constitutionem, eum qui in parentis potestate fuerit;

4° Si uxor in manum mariti conveniens, in familiam loco filiæ intraverit;

5° Aut manumissione, ut olim juris erat; id est si filius in prima aut secunda mancipatione manumissus, reversus sit in parentis potestatem;

6° Quum filius ex matre peregrina vel latina ortus, quasi cive romana uxore ducta, ex senatusconsulto justas nuptias bona fide factas fuisse probaverit.

Attamen ne agnascendo posthumi per virilem sexum descendentes testamentum rumpant nullumque efficiant, ad similitudinem filiorum nominatim instituendi vel exhæredandi sunt. Idem æstimandum est per legem Velleiam de his qui post testamentum factum in vita nascuntur. Illi prohibentur rumpere testamentum, si nominatim instituti vel exhæredati sint; nam Divus Marcus idem voluit servandum in posthumo quod in filio.

Sed in cæteris casibus supra numeratis, semper *et omni modo* testamentum agnatione ruptum erat, ait Gaius, sive hæredes sui in testamento antea facto instituti vel exhæredati essent. Nulla certe exhæredatio æstimanda erat quia testator jus eripere non poterat his qui suorum hæredum in numero nondum erant et nullum jus ad hæreditatem habebant.

Quidam tamen jurisconsulti censuerunt non ruptum iri, si novus suus hæres in familiam antea fuisset introductus sit. Si Titius, hæres institutus, loco nepotis adoptetur, defuncto postea filio qui pater videbatur, non rumpitur testamentum successione nepotis qui hæres ab eo invenitur, et illa quidem apud Justinianum prævaluit sententia.

Quod si latina quædam mulier vel extranea, bona fide, ut civis romana justis nuptiis uxor ducta esset, in primo et aspero jure testamentum, vivo vel jam mortuo testatore, semper ruptum erat, modo ex isto connubio ortus filius bonam fidem manifestam declararet, institutionibus et exhæredationibus minime distinctis. Sed posteriore senatusconsulto distinguendum esse decrevit Divus Hadrianus. Quum, vivo testatore bona fides satis comperta esset, testamentum tamen omni modo ruptum nullumque erat ; idem judicatum erat, si, mortuo testatore, filius præteritus esset in eo casu ruptum etiam nullumque testamentum videbatur. Non ita si filius hæres institutus vel exhæredatus a patre fuerit, ne, ut ait Gaius, diligenter facta testamenta rescinderentur eo tempore quo non possent renovari.

Illud etiam adjiciendum esset in eo casu quem nos monet imperator, quum naturalis filius a patre legitimationis beneficium acceperit, tunc agnatione rumpitur testamentum.

II

TESTAMENTUM RUPTUM POSTERIORE TESTAMENTO.

Rumpitur etiam mutatione testamentum, ut Justinianus (Inst., tit. XVII, § 2) indicat : mutatio est, si postea aliud testamentum jure factum sit.

Posteriore ergo superius rumpitur testamento quod rite et jure perfectum est, nisi forte posterius jure militari factum sit ; illud enim testamentum, solutum ex omni juris regula, rectum tamen et satis ordinatum est ut prius rumpat testamentum : vel in eo scriptus dictusque erat qui ab intestato venire poterat; tunc enim et posteriore etiam non perfecto prius rumpitur testamentum.

Ut autem posterior scriptura minus solemnis in qua vocantur illi qui ab intestato veniunt superius rumpat testamentum in quo hæredes alieni et extranei scripti sunt, necesse declaratur ut ejus scripturæ minus solemnis fides quinque testium juratorum depositione adstruatur; valebitque hæc scriptura non ut testamentum, sed ut ultima intestati supremaque voluntas. Ita edicit Justinianus.

Sed illud nobis apparet, quod si duæ tabulæ proferantur diversis temporibus factæ, alia prius, alia postea, utraque tamen septem tertium signis signata, et aperta posteriore vacua inventa sit, id est nihil scriptum omnino habens, non ruptum est superius testamentum quia sequens nullum est.

Nec interest an exstiterit ex eo aliquis hæres, an non exstiterit; hoc enim solum spectatur an aliquo casu existere potuerit. Modo autem jure factum fuerit posterius testamentum, ita ut ex eo hæres esse potuerit, statim rumpitur prius ; nec convalescit ex eo quod posterius infirmatum postea fuerit.

Similiter non ideo minus prius rumpitur testamentum, quod hæres in posteriori testamento scriptus ne nascatur quidem, modo nasci possit.

Nobis ideo æstimandum si quis aut noluerit hæres esse, aut vivo adhuc testatore, aut post mortem ejus, priusquam adiret hæreditatem, decesserit; aut ea conditione sub qua hæres institutus fuerat defectus esset; in his casibus intestatus moritur paterfamilias. Etenim et prius non valet testamentum, posteriore ruptum, et posterius æque nullas habens vires nullum producit effectum, quum ex eo nemo hæres exstiterit.

Sed superius erit ruptum testamentum quum in alio secundove testamento eum hæredem instituimus qui vivit sive pure, sive sub conditione (si tamen conditio existere potuit, licet non exstiterit).

Multum autem interest, ait Pomponius, qualis conditio posita fuerit; nam aut in præteritum concepta ponitur, aut in præsens, aut in futurum.

In præteritum concepta ponitur conditio, veluti *si Titius consul fuit;* quæ conditio si vera est, id est si Titius consul fuit, ita est institutus hæres, ut superius testamentum rumpatur : tunc enim ex hoc hæres est. Si vero Titius consul non fuit, prius non est ruptum testamentum.

Sed, ut supra diximus, si ad præsens tempus adscripta est quoque conditio, hærede instituto veluti, si *Titius consul est*, eumdem exitum habet, ut, si sit, possit hæres esse et superius rumpatur testamentum; si non sit, nec hæres esse possit, nec superius testamentum rumpatur.

Denique in futurum collatæ conditiones, si possibiles sunt, et existere potuerunt, licet non exstiterint, efficiunt ut prius rumpatur testamentum; si vero impossibiles sunt, veluti, *Titius si digito cœlum tetigerit, hæres esto*, placet perinde esse ac si ea conditio adscripta non sit quæ est impossibilis.

Tandem generaliter nobis videtur prius rumpi testamentum, quoties fieri et evenire potest ut ex posteriori testamento hæres existat, quamvis etiam fieri possit ut non existat.

Novissime sciendum est ex imperatorum Honorii et Theodosii Junioris constitutionibus, omnia quoque testamenta non valere et rumpi abhinc decem annis confecta.

Justinianus autem, rigorem mitigando, ad pristini juris rationem fere omnino rediit. Cujus imperatoris ex constitutione, cum hujus decennii lapsu concurrere debet contestatio contrariæ voluntatis testatoris, aut in actis manifestata, aut per hos testes probata.

Extra hos casus supra scriptos, testamentum prius non rumpitur per posterius, nisi jure consummatum, etiamsi in posteriore imperator hæres fuerit institutus.

DE CLAUSULA CODICILLARI

Supra vidimus prius testamentum per posterius rumpi. Si paganus quidem qui priore jam facto testamento aliud fecisset, et in eo qui dixisset se fidei hæredis committere ut *priores tabulæ valerent*, omnimodo prius testamentum ruptum est.

Eo quidem rupto quæri potest an vice codicillorum id valere deberet. Quum hæc verba sint fideicommissa, ait Ulpianus, sine dubio universa quæ illic scripta sunt in causa fideicommissi erunt; nec solum legata et fideicommissa, sed et libertates et hæredis institutio.

Et illa clausula posteriori testamento inserta, *ut prius* testamentum valeat, non magis obstat quominus rumpatur, sed fideicommissum inducit, etiamsi in hoc posteriore testamento hæres ex certis rebus sit institutus.

Hoc ita certe ex Divi Severi et Antonini constitutionibus apparet.

Testamentum quoddam quamvis ruptum, non omni semper caret effectu. Aliquando quum signis septem tertium signatum est, evenit ut prætoris ope pessessio bonorum secundum tabulas tribuatur.

Hanc enim tribuendo possessionem prætor duo tantum tempora spectat, diem scilicet ubi testamentum ordinatum fuit, et diem quo defunctus est testator. Si autem in intervallo posthumus quidam natus fuerit a testatore omissus, hoc sufficit ad testamentum jure civili infirmandum. Prætor vero testamentum tantummodo infirmatum iri edixit quum præteritus posthumus testatori superfuerit; quod si ante eum ipse decesserit, testamentum etsi jure stricto ruptum, valebit ad bonorum possessionem obtinendam; et idem si testator, priore permanente testamento, posterius destruxerit.

CAPUT SECUNDUM

DE IRRITO TESTAMENTO

Non solum mutatione et agnatione rumpitur testamentum, sed etiam alio modo testamenta jure facta infirmantur et tunc irrita fieri dicuntur.

Irritum tamen fit testamentum aut ex hæredis parte aut ex parte testatoris.

Inspicienda est primo pars hæredis. Irritum fit testamentum non adita hæreditate, enim vero si nemo subiit hæreditatem, omnis vis testamenti solvitur; quod vero testamentum desertum destitutumve sæpius a jurisconsultis appellabatur.

Ex parte testatoris irritum fit testamentum quoties ipsi testatori aliquid accidit; puta si civitatem amittat per subitam servitutem, ab hostibus captus; vel si vigenti annis major se venumdari passus sit ad actum gerendum pretiumve participandum, si demum quacumque capitis diminutione sit afflictus; nam, ut primo institutionum libro refertur, omnis status mutatione majore scilicet, media vel minima capitis diminutione, testamentum infirmatum fit. Eorum qui ab hostibus capti fuerunt irrita testamenta fieri supra diximus; adjiciendum tamen est hæe testamenta, si captivi postea in limina reversi fuerint, vires jure postliminii recipere. Sed si apud hostes decesserint, lege Cornelia confirmabantur; quæ quidem lex captivos fingit jam ultimo quo cives esse desierunt momento mortuos.

Etiam illius irritum fiet testamentum qui capite damnatus, vel ad bestias, vel ad gladium, vel alia pœna quæ vitam adimit;

non equidem quum consumptus est, sed quum sententiam passus est; nam pœnæ statim efficitur videturque servus. In ultimo novissimoque juris statu, ex Novella XXII, caput VIII, nemo pœnæ servus est.

Si quis autem capite damatus, in integrum indulgentia principis sit restitutus, testamentum ejus convalescet, simili ratione qua diximus ejus, qui captus fuit ab hostibus, testamentum irritum factum vires recipere jure postliminii si reversus sit in patriam.

Ejus etiam irritum similiter fiet testamentun qui deportatur, non statin quidem, sed quum princeps factum scelusque comprobaverit; tunc enim capite minuitur.

Præsides enim deportandi jus non habent, adeoque deportationis sententia a præside non ante valet quam a principe confirmata. Non prius igitur condamnatus capite minuitur, et non prius testamentum ejus infirmatur.

Sed hi omnes quorum testamenta damnatione irrita fieri supra diximus, si provocaverint, capite non minuuntur; et ideo neque testamenta quæ antea fuerunt, irrita fient; et tunc testare potuerunt (hoc enim sæpius constitutum est), nec videbantur, quasi de statu suo dubitantes, non habere testamenti factionem : sunt enim certi status, nec ipsi de se interim incerti.

Quod si fuerit illicite damnatus, pœna non sumpta, an testamentum ejus irritum fiet? Videamus ut puta decurio ad bestias an capite minuatur, testamentum ejus irritum fiat. Et non puto quum sententia eum non tenuerit; ergo et si quis eum, qui non jurisdictionis suæ erat, damnaverit, testamentum ejus non erit irritum, quum admodum est constitutum.

Non solum etiam eorum qui vivi capite damnati fuerunt, sed ne eorum quidem rata sunt testamenta, sed adhuc irrita fient, quorum memoria post mortem dammata est, ut puta ex causa majestatis vel alia tali causa et simili modo.

Quemadmodum testamentum in captivitate irritum factum, ex jure postliminii, si postea testator liberatus in patriam reversus fuerit, vires recipit; ita temperamentum prætor attulit quum testamentum stricto jure irritum factum est, aut ruptum, ut supra diximus : « Non tamen per omnia inutilia sunt ea testamenta, quæ ab initio jure acta, per capitis diminutionem irrita facta sunt. »

Quum ergo testator quidam, qui post testamentum confectum capitis diminutionem aliquam passus est, antequam moriatur, ad primum statum redierit; si, scilicet, captus, deportatus, adoptatus vel adrogatus, ante mortem prisca jura manumissionne, principis venia vel emancipatione recuperaverit stricto sensu non sane convalescet ejus testamentum, sed bonorum possessionem obtinebit; hæe decrevit prætor, mutato tempore quo testamenti factio in testatore quærebatur.

Attamen non ex solnm infirmari potest testamentum quod *postea testator id valere noluit*; Illud certum crat adeo ut si quis priore testamento perfecto posterius facere cœperit, et aut mortalitate præventus, aut quia eum ejus rei pœnituit, non perfecerit, divi Pertinacis oratione cautum sit ne aliæ tabulæ priores jure factæ irrita fiant, nisi sequentes jure ordinatæ et perfectæ fuernit; nam imperfectum testamentum sine dubio nullum esse videtur.

Attamen non omnino necesse est posterius testamentum scriptum esse ut prius jam perfectum infirmetur. Satis enim istud infirmabitur, si instrumentum ipsum mutaverit, vel destruxerit testator, quia volens id fecit ut intestatus moreretur.

Theodosius etiam decreverat testamenta post decem annos inutilia fore; Sed Justinianus edixit ut omnibus ex tabulis authenticis, vel apud tres testes mutatam esse testatoris voluntatatem manifestum esset.

CAPUT TERTIUM

DE TESTAMENTO INOFFICIOSO

Quid sit inofficiosi testamenti querela et quomodo dirigatur, non in hoc scripto penitus perpendere in animo est. Attamen paucis verbis de inofficioso nonnulla dicenda sunt.

Testamentum inofficiosum esse videtur quod contra pietatis officia factum fuit.

Hoc autem accidit, quum sine causa liberos suos parens non modo prætermittit, sed etiam exhæredat. Quum autem non ob exhæredatos infirmari testamentum jure potuerit, quia et ipsa exhæredatio legibus permittitur (Inst. lib. II, tit. XIII. — Gaius, cap. II, §§ 124-128) hoc colore contra testamentum quicumque agere poterit, quasi non sanæ mentis testator exstiterit: num autem et ipsum furiosum fuisse jactitent? Minime; sed ipsum arguunt quasi non sui compos fuerit.

CODE NAPOLÉON

DE LA RÉVOCATION DES TESTAMENTS

(Code, art. 1035, 1038 et 1046-47).

PRÉLIMINAIRES

Le testament est l'acte par lequel une personne dispose pour le temps où elle ne sera plus de tout ou partie de ses biens.

Le testament étant l'œuvre de la seule volonté du testateur, n'oblige donc pas celui-ci, il peut toujours, si bon lui semble, le révoquer.

L'incapacité du testateur, l'absence des formes légales, rendent évidemment nulles les dispositions testamentaires.

Mais le testament valable en principe, non entaché de vices de forme à son origine, peut encore, pour d'autres raisons, être annulé, soit en entier, soit en quelques-unes de ses parties.

3

Telle, en somme, est la question que nous developperons dans cette étude.

Parmi les motifs qui peuvent faire annuler un testament, citons la révocation et la caducité.

Un testament est révoqué, lorsque valable *a priori* il a cessé de valoir par suite d'un changement de volonté du testateur.

La révocation est *expresse*, lorsqu'elle est le fait d'un testament postérieur ; elle est *tacite,* quand la loi l'induit de certains faits qui font supposer chez le testateur un changement de volonté.

Il est *caduc*, lorque le testament valable aussi *a priori*, reste sans résultat par suite de circonstances et d'événements indépendants de la volonté du testateur, soit, par exemple, à cause de la perte de la chose léguée, soit parce que le légataire devient incapable.

Le legs sera donc *caduc* lorsque les événements qui entravent son exécution viendront de la part du légataire ou de l'objet du legs.

Nous examinerons seulement ici les cas dans lesquels un testament valable pourra être révoqué.

La loi permet aussi, ordonne même quelquefois la révocation du testament, après la mort du testateur.

Pour éclaircir l'examen et la discussion de ces matières, nous diviserons notre travail en deux parties principales, et nous nous permettrons, pour plus de clarté, de ne pas suivre scrupuleusement l'ordre des articles du code.

La première partie comprendra :

La révocation provenant du fait du testateur, quelle soit :
1° *expresse,* ou 2° *tacite* ;

Dans la deuxième partie, nous examinerons :

1° La révocation judiciaire, qui prend sa source dans le fait du légataire ;

2° Les délais dans lesquels les héritiers doivent agir pour obtenir cette révocation.

PREMIÈRE PARTIE

CHAPITRE I

RÉVOCATION PROVENANT DU FAIT DU TESTATEUR

La révocation peut avoir une quadruple origine, tantôt elle est expresse ou tacite, tantôt elle sera générale ou particulière :

Expresse, quand le testateur déclarera formellement et d'une manière claire et précise le changement de sa volonté ;

Tacite, quand elle résultera, soit de faits, soit de dispositions émanant du testateur et que les dispositions indiquent et supposent d'une façon assez évidente le changement de volonté ; nous pouvons considérer cette révocation comme conséquence de :

1° La contrariété ou l'incompatibilité de dispositions nouvelles avec les dispositions anciennes du testament ;

2° L'aliénation de la chose léguée ;

3° La lacération matérielle du testament.

Générale, la révocation porte sur la totalité des legs.

Particulière, la révocation portera seulement sur quelques unes des dispositions testamentaires.

Lorsqu'on a exigé la preuve évidente et certaine d'une volonté révocatoire chez le testateur, le législateur n'a pas entendu assujétir cet acte à l'emploi de certaines formules sacramentelles. Pourvu qu'il remplisse bien le but de la loi, que le changement de volonté survenu chez le testateur ressorte clairement, la loi s'est contentée des expressions ordinaires, et tous les termes ont été admis pour la révocation d'un testament.

En arrivant à la révocation *expresse* contenue dans un testament, nous trouvons à traiter deux questions capitales : ce sont les clauses dérogatoires et les testaments conjonctifs : nous les examinerons tout d'abord.

Un testament est, suivant la définition, l'expression de la pensée, la manifestation de la volonté du testateur ; et de même que l'acte qui contient cette pensée, cette volonté, peut se modifier et se transformer au gré du testateur, de même cette pensée et cette volonté peuvent varier d'après les circonstances.

Testamentum est ambulatoria testatoris voluntas usque ad extremum vitæ exitum, définition d'où ressort le caractère changeant et variable (*ambulatoria*) du testament ; jusqu'à la mort du testateur, toute liberté lui est réservée pour manifester le changement de sa volonté. La révocabilité des testaments a donc été considérée comme un droit sacré et tellement de l'essence même des dispositions *testamentaires* que rien, pas même le fait du testateur, ne peut entraver ce droit de révocation.

Et la vérité de ce principe ressort si bien que la déclaration du testateur serait nulle, s'il voulait à l'avance enchaîner sa volonté, son droit est variable comme sa pensée ; il ne peut dès lors s'en interdire l'usage. Aussi lui est-il refusé de protester dans un premier testament contre toute révocation postérieure qui pourrait lui être arrachée. L'enchaînement de sa volonté par cette déclaration expresse est considéré comme non avenu et contraire à la nature même du testament ; cette défense est renfermée dans

l'ordonnance de 1635, qui dans la législation relative aux testaments fit tant de réformes utiles; aussi l'art. 76 de ladite ordonnance abroge-t-il les clauses dérogatoires si fertiles en procès
sous notre ancien droit coutumier.

Ces clauses dérogatoires consistaient dans cette déclaration
faite par le testateur que toute révocation postérieure qui, par
exemple, ne porterait pas une croix, ou quelque autre signe n'é-
manerait pas de la libre volonté du déclarant.

Le code n'a pas reproduit cette disposition ; nous pensons pourtant que, d'après l'économie de nos principes législatifs, elle doit
être maintenue et que, le cas échéant, elle serait confirmée par la
jurisprudence.

Un second principe, non d'une moindre importance, attire
aussitôt notre attention : nous entendons ce principe, qui déclare
que le testament doit être l'acte de la volonté D'UNE SEULE PER-
SONNE. Ce principe est tellement de l'essence du testament que
le même acte (art. 968) ne peut contenir, à peine de nullité, la volonté de deux ou plusieurs personnes, soit au profit des tiers, soit
à titre de dispositions réciproques et mutuelles, de même que les
clauses dérogatoires ont été annulées, de même les testaments
conjonctifs ont été prohibés. Cette défense est tellement formelle
et expresse que, s'écartant de l'ordonnance de 1736, le code n'a
pas même excepté le cas de testament conjonctif des père et
mère qui voudraient faire entre leurs enfants le partage de
leurs biens. Cette nullité radicale dérive « de cette fusion de
» deux volontés, de cette unité intellectuelle de contexte qui en
» produirait l'indivisibilité, qui fait que le testament revêt alors
» le caractère d'un véritable contrat, tandis qu'il doit être l'œu-
» vre d'une seule volonté. »

§ 1

Révocation expresse.

En cette matière, comme en beaucoup d'autres, le code Napoléon, conciliant les principes admis par le droit romain et ceux de la législation coutumière admis en France avant sa promulgation, soit dans les pays de droit écrit, soit dans les provinces de droit coutumier, en éloignant ce qu'il y avait d'excessif et de trop rigoureux, a formulé de la sorte dans l'art. 1035 la règle à suivre en fait de révocation : « Les testaments ne pourront être révoqués en tout ou partie que par un testament postérieur ou par un acte devant notaire, portant déclaration du changement de volonté. » Ainsi, cette révocation ne peut être verbale.

I

RÉVOCATION PAR TESTAMENT POSTÉRIEUR

Nous avons dit que tout testament pouvait être plus tard expressément révoqué par d'autres dispositions testamentaires; les moyens les plus faciles ont été accordés au testateur pour arriver à cette révocation. Nous verrons donc sans surprise un testament olographe révoquer un testament mystique ou authentique. La réciproque est admise; mais le testament public ou mystique offrant plus de garantie que le testament olographe, il serait moins étonnant de voir un testament authentique révoquer un testament olographe que d'admettre la révocation contraire. Mais ce pouvoir appartient au testateur à tel point qu'il peut manifester le changement de sa volonté par les actes qui lui semblent le plus convenables à l'éxécution de sa pensée ; on ne suit plus cette règle : *Res eadem modo dissolvi debent quo fuerunt colligatœ.*

La seule condition nécessaire, indispensable pour la validité de la révocation, est que la clause révocatoire soit contenue dans un testament valable qui puisse produire son effet ; car si un vice de fond ou de forme venait à entraver l'exécution des dispositions testamentaires, il y aurait lieu d'appliquer la maxime : *Quod nullum est, nullum producit effec um,* nullité d'origine produira nullité d'exécution. Toutefois, n'est-il pas nécessaire que le testament postérieur produise son effet? Ainsi, le legs contenu dans un testament pourra rester sans exécution, soit à cause de l'incapacité du légataire, soit par son refus de recueillir ; la validité de la révocation ne sera pas contestée ; ce que l'on demande seulement, et ce qui est essentiel, c'est que le testament soit revêtu des formes légales indispensables à sa validité.

II

RÉVOCATION PAR ACTE NOTARIÉ.

Le testateur peut encore manifester autrement sa volonté ; il peut, en faisant cette déclaration par acte authentique, révoquer un testament antérieur. Mais la règle de l'art. 971, C. Nap., qui exige qu'une telle déclaration soit reçue par deux notaires, en présence de deux témoins, ou par un seul, en présence de quatre témoins, doit-elle être suivie ? Ne devrait-on pas restreindre les exigences rigoureuses de la loi en matière de formation de testament par acte public ? Pour nous, nous admettons la validité de l'acte révocatoire, s'il est reçu par un notaire, en présence de deux témoins, ou par deux notaires sans témoins, en vertu de la loi du 25 ventôse, an XI, art. 9. Il n'y aura nulle difficulté, si le testateur s'est entièrement soumis et conformé aux formali+és de l'une ou l'autre manière fixée par la loi pour la révocation.

Ici se place une question vivement controversée : Un testament olographe, valablement fait, conforme à la loi, pourra sans nul doute révoquer un testament authentique. Mais cette même solution sera-t-elle admise pour l'acte sous-seing privé, devra-t-on reconnaître qu'un acte sous-seing privé, entièrement écrit, daté, signé par le testateur, c'est-à-dire réunissant toutes les formes requises pour la validité d'un testament, puisse, sans contenir de disposition de biens ou de legs, révoquer un testament ?

M. Marcadé s'est prononcé pour la négative.

« En effet, dit-il, quels sont les modes de révocation expresse du
» testament? Un testament postérieur ou un acte notarié. Or, dans
» l'espèce, il n'y a pas d'acte notarié, il n'y a pas non plus de testa-
» ment, quoique cet acte soit écrit en entier, etc., il n'ya pas l'es-
» sence, mais seulement la forme d'un testament ; car tester, c'est
» disposer de ses biens au profit d'un tiers, et dans l'espèce il n'y
» a aucune attribution de biens. » Cet acte n'est ni testament, ni acte notarié : la révocation qu'il contient ne serait donc pas valable.

A ne considérer que le texte de la loi, cette solution est d'une logique irréprochable, mais rigoureuse. En réfléchissant à ses résultats, à notre sens éloignés de l'esprit de la loi, et en nous reportant à l'historique de la rédaction de l'art. 1035, nous sommes amené à ne pas donner à cet article le sens étroit que M. Marcadé lui assigne.

La rédaction proposée était celle-ci : « Les testaments ne pourront être révoqués que par un acte revêtu des formes légales du testament. » Si elle eût été admise, les testateurs qui ne savaient pas écrire, n'auraient pu manifester leur changement de volonté, qu'en faisant usage des formes solennelles et quelquefois compliquées du testament public. Alors, pour faciliter l'exercice du droit de révocation, on autorisa la révocation dans la forme ordinaire des actes notariés ; l'ancienne rédaction fut ainsi modi-« fiée : Les testaments ne pourront être révoqués que par un testa-» ment postérieur. »

Ce n'était là, assurément, qu'une variante de style, ne modifiant en rien l'esprit de la loi.

La conclusion est celle-ci : « La révocation dans un acte écrit » en entier, daté et signé par le testateur, est valable et produira » son effet, bien que l'acte où elle est exprimée ne contienne au-» cune attribution de biens. En effet, si cet acte ne présente pas » les caractères d'un testament, il en a du moins les formes lé-» gales. »

Nous nous permettons de dire que cette solution nous semble non-seulement dictée par l'esprit de la loi, mais encore par le bon sens.

Est-ce qu'on objectera que l'acte n'est pas valable parce qu'il ne renferme pas en même temps que l'objet capital de l'acte, nous voulons dire la révocation, un legs de la moindre valeur ? Non, le législateur n'a pas voulu que la validité d'un acte aussi impor-tant pût dépendre d'une si minime circonstance. Serait-il, d'ail-leurs, équitable d'être plus rigoureux pour la révocation, qui, dans ce cas, fait rentrer les biens dans la famille du testateur, que pour le testament qui pourrait dépouiller cette même famille. Ce n'est pas là le résultat que la loi a pu se proposer.

Lorsque les particuliers veulent réduire leur succession aux termes de la loi, le chemin leur doit être libre, disait Ricard. Nous avons vu, en effet, l'art. 1035 qui permet de révoquer expressément un testament de deux manières.

Nous sommes arrêté ici par une question non moins contro-versée que la précédente.

Dans le cas où un testament postérieur, fait par acte public et révoquant un premier testament, est déclaré nul pour vice de forme, mais toutefois réunit les conditions nécessaires à la validité d'un acte notarié ordinaire : *Que décider? La révocation contenue dans ce testament est-elle valable? Quid Juris ?*

Les jurisconsultes se partagent en deux camps : les uns prétendent que l'acte est valable comme acte notarié, et affirment la validité de la révocation.

Voici, d'ailleurs, l'exposé de leur système : la révocation et l'attribution de biens sont, il est vrai, contenues dans le même acte, mais n'en forment pas pour cela un tout indivisible ; c'est pour ce motif que la révocation doit recevoir son effet, alors même que l'attribution de biens serait nulle ; et alors ces deux dispositions nous apparaissent complétement indépendantes l'une de l'autre.

A cet appui, invoquons l'art. 1037 qui nous fournit une preuve qui n'est pas sans quelque valeur. « La révocation, nous dit-il, faite dans un testament postérieur produira son effet, *quoique ce nouvel acte reste sans exécution*, soit par l'incapacité de l'héritier institué ou du légataire, soit par leur refus de recueillir.

La disposition testamentaire pourra être frappée de nullité et le testament lui-même sera peut-être déclaré nul pour vice de forme ; mais il est à remarquer que la déclaration faite dans ce testament nous indique un changement de volonté chez le testateur, la révocation devrait donc produire son effet.

Mais on objecte que les dispositions testamentaires sont annulées. Il est vrai que certaines dispositions du testament, par suite du vice de forme, seront contestées et annulables ; mais il reste néanmoins un acte notarié renfermant les formalités exigées pour sa validité, c'est-à-dire un acte dont l'authenticité ne saurait être contestée et qui, aux termes de la loi, révoque les testaments antérieurs.

C'était, d'ailleurs, notre ancien droit; Pothier nous l'affirme dans son introduction au titre XVI de la coutume d'Orléans, n° 126. Et MM. Duranton, t. IX, Marcadé et Toullier soutiennent ce premier système.

MM. Valette, Aubry et Rau prétendent que la révocation ne saurait valoir; c'est aussi le système enseigné par M. Demolombe.

La distinction faite par le premier système entre les dispositions et la révocation est, d'après l'illustre professeur de la faculté de Caen, inexacte à un double point de vue.

En fait : car, dans ce testament, il n'y a qu'un tout indivisible et non deux parties distinctes et indépendantes l'une de l'autre ; il n'y a pas lieu de séparer la révocation des dispositions. L'objet capital de l'acte, disons mieux, son unique objet, c'est un testament nouveau, ce sont de nouvelles dispositions ; on ajoute même que la clause de révocation n'en est qu'une dépendance accessoire, une clause le plus souvent banale et de style.

En droit : La maxime « *utile per inutile non vitiatur* » ne peut trouver place ici ; en effet, ce n'est qu'autant que les diverses clauses d'un même acte n'ont pas entr'elles de liaison intime, c'est-à-dire que l'une n'est pas la condition ou la conséquence de l'autre, que la maxime précitée peut être applicable.

Au contraire, si ces clauses ont entr'elles un lien et que les unes ne soient que la conséquence des autres, c'est un principe diamétralement opposé qu'il faut invoquer : « *Quæ non separationem admittunt, in totum vitiantur*.

On ne saurait scinder cet acte unique et indivisible par nature sans s'exposer à méconnaître l'intention du testateur qui n'a pas, en effet, entendu faire une révocation pure et simple, mais qui, poursuivant son changement de volonté, et dans l'unique désir de remplacer un testament par un autre, a pu subordonner la révocation du premier à la validité du second.

L'ancien droit n'a plus d'autorité sous notre régime nouveau : Celui-ci, en effet, n'admet pas la possibilité de la révocation, *nuda voluntate*. De plus, l'ancien droit n'était pas conforme sur ce point. En considérant l'argument déduit de l'art. 1037, nous trouvons une réponse suffisante en remarquant que la différence qui en résulte a toujours existé. Sous l'empire du droit romain, comme dans notre ancien droit français, la révocation d'un testament antérieur par un testament postérieur valable avait son effet lors même que ce dernier demeurait sans exécution par l'incapacité ou le refus de recueillir de l'héritier institué ou du légataire ; tandis que la révocation ne résultait pas d'un testament nul en la forme.

Il n'y a donc pas de principe plus certain que celui qui veut qu'un testament, nul en sa forme, ne puisse pas plus produire d'effet pour détruire que pour créer, il est réduit *ad non esse*. Des exemples nous en sont fournis par le droit romain et le code Napoléon le décide dans l'art. 1001.

Nous avouons que les défenseurs du premier système produisent à l'appui de leur solution de solides arguments ; nous croyons pourtant devoir accepter la doctrine enseignée par M. Demolombe, qui est aussi celle de M. Troplong.

§ II

Révocation tacite.

Abordons dans ce second paragraphe l'examen de la révocation tacite qui mérite une attention sérieuse. Etudions d'abord la différence existant sur ce point entre le droit romain et le droit français.

A Rome, un citoyen ne pouvait avoir qu'un seul testament.

L'institution d'héritier étant la condition *sine qua non* de tout testament, l'universalité pleine et entière des biens était donc comprise : aussi y avait-il incompatibilité entre le second testament et le premier qui était infailliblement révoqué par l'existence seule d'un testament postérieur, et cette révocation, de même que l'incompatibilité, avait lieu pour la totalité des dispositions contenues dans le premier testament.

En France, une même personne peut laisser plusieurs testaments contenant diverses dispositions particulières au profit de différents légataires, et souvent ces dispositions ne sont ni contraires, ni incompatibles.

La révocation tacite d'un testament est manifestée *non verbis sed re facto*, c'est-à-dire par le fait du testateur ; elle est la conséquence de : 1° La contrariété ou l'incompatibilité des nouvelles dispositions avec les anciennes, 2° l'aliénation de la chose léguée ; 3° La lacération matérielle du testament.

1° Contrariété ou incompatibilité des dispositions nouvelles avec les anciennes.

Quelles dispositions contenues dans un testament postérieur emportent la révocation de legs précédemment faits ?

Aux termes de l'art. 1836, « Les testaments postérieurs » qui ne révoquent pas d'une manière expresse les précédents, » n'annuleront dans ceux-ci que celles des dispositions y conte-» nues qui se trouveront incompatibles avec les nouvelles ou qui » seront contraires. »

Cette double expression « *incompatibles et contraires* » constitue-t-elle une simple redondance, ou bien le code a-t-il entendu les appliquer à deux questions différentes ?

On en a donné plusieurs explications ; ainsi, on a dit que l'incompatibilité supposait deux dispositions faites successivement à la même personne : je lègue en toute propriété une maison à Pierre et par une disposition ultérieure je lui en lègue l'usurfruit ; c'est là, dit-on, l'incompatibilité. Au contraire, on jugera qu'il y a contrariété, quand deux dispositions ont été successivement faites au profit de deux personnes différentes, et que la seconde est de nature à présumer l'abandon de la première.

Est-ce là la pensée de la loi ? N'est-ce point plutôt une analyse un peu subtile ? Nous abordons une matière délicate, où des questions douteuses se présentent à chaque pas, et c'est aux juges qu'il appartient de les résoudre et de décider, en rapprochant les clauses de divers testaments, de décider, disons-nous, si les questions y contenues sont contraires ou incompatibles ; c'est là une pure question de fait où l'appréciation des tribunaux est souveraine.

Nous examinerons trois hypothèses dans lesquelles nous rechercherons successivement quel sera le sort de la nouvelle disposition vis-à-vis de l'ancienne, suivant que cette disposition aura pour pour objet soit : 1° un legs universel, 2° un legs à titre universel, 3° un legs à titre particulier.

Première hypothèse.

Dans cette question, comme dans les deux autres, trois cas à étudier.

Premier cas. — En 1869, j'ai institué Primus mon légataire universel ; En 1872, par un autre testament, Secundus devenait également mon légataire universel. Y a-t-il incompatibilité ? Le second testament aura-t-il tacitement révoqué le premier ? .

Quelques auteurs, entre autres Merlin et Troplong, ont sontenu que ces deux legs universels devaient concourir, que l'art. 1003 permet de léguer l'universalité de ses biens à une ou plusieurs personnes ; or, ce texte n'établissant aucune distinction, doit être entendu dans sa généralité ;

Pour nous, le premier testament est bel et bien révoqué ; nous ne pouvons comprendre qu'un testateur déclarant donner tous ses biens à une personne bien définie entende par là laisser une part de son hérédité à une autre personne. Le dernier legs est seul valable, et, en effet, à quoi bon déclarer donner à Secundus l'universalité, si l'on veut que Primus institué par un premier testament vienne partager avec Secundus ?

Le changement de volonté nous apparaît évident, il nous est affirmé par un testament postérieur dont le testateur devait connaitre la portée.

Ce ne serait plus la même solution si le même testament eût contenu les deux legs universels qui, dans ce cas, vaudraient certainement ensemble.

L'art. 1003 suppose qu'il y a plusieurs légataires universels et il entend évidemment qu'il ont été institués par le même acte, il n'est donc pas recevable dans le cas qui nous occupe. Notre conclusion sera qne le second legs contenu dans un testament postérieur annule le premier, parce qu'il y a incompatibilité entre eux.

Deuxième cas. — Par un premier testament, Pierre est institué légataire universel ; par un second, Paul est institué légataire à titre universel ; y a-t-il révocation tacite ?

Avec M. Demolombe (tome XXII, n° 175), nous répondrons non. Le legs à *titre universel* doit être considéré comme une charge, et cette charge ne modifie et n'altère en rien le droit du légataire universel. Il n'y a ni contrariété ni incompatibilité de deux legs. Il n'en résulte pas davantage de révocation tacite.

Troisième cas. — Le premier testament contient **un legs universel**, le deuxième un legs à titre particulier. *Quid* ? Reportons-nous
aux réponses données dans les deux cas précédents : de même
que le legs à titre universel, les legs particuliers sont des charges
imposées au légataire universei.

Deuxième hypothèse.

Premier cas. — J'ai fait, en 1870, un testament renfermant un
legs à titre universel; en 1871 j'ai institué, par un autre testament, mon ami Paul mon légataire universel. Y a-t-il révocation ?

Il me semble qu'il existe une incompatibilité entre ces deux
legs. Si, par mon second testament, j'ai déclaré ma volonté formelle de faire un legs universel en faveur de Paul, je ne puis restreindre son droit. En effet, si mon premier testament subsistait,
comment mon légataire universel pourrait-il devenir propriétaire
de la totalité de ma succession ? Et notre opinion est d'autant
mieux établie, que ce n'est pas d'une incompatibilité matérielle
que résulte la révocation tacite, mais aussi, mais surtout, d'une
incompatibilité intentionnelle, et c'est précisément cette dernière
qui nous parait devoir être connue dans le cas qui nous occupe
(Demol., tome XXII.; Duranton, tome IX).

Deuxième cas. — *Quid*, si dans un testament postérieur on a
institué un légataire à titre universel ? Peut-on répondre d'une
façon absolue ? Ne vaudrait-il pas mieux faire une distinction ?

En effet : j'ai, en 1860, légué à Pierre la moitié de mes biens,
et en 1862, Paul est devenu également légataire de la moitié de
mes biens. Il n'y a pas ici incompatibilité, chacun d'eux peut
recevoir son exécution indépendamment de l'autre.

Toutefois, il pourrait arriver que ne disposant que du quart de
de mes biens, j'ai, par mon testament de 1860, institué Pierre

légataire pour ce quart; en 1862, par mon second testament, Paul a été institué légataire pour le quart de mes biens. Dans ce cas, l'incompatibilité me parait évidente, le premier legs est tacitement révoqué.

Troisième cas. — Le second testament ne contient que des legs particuliers. Alors quelle solution admettrons-nous? Nous croyons qu'il n'y a pas révocation, les legs particuliers étant, comme nous l'avons dit déjà, de simples charges imposées aux légataires à titre universel.

Troisième hypothèse.

Premier cas. — Il se trouve dans le testament un legs à titre particulier et un legs à titre universel : *Quid Juris?* Y a-t-il incompatibilité et par conséquent révocation ?

On pourrait soutenir que, dans ce cas, il n'y a pas incompatibilité. Cette doctrine a eu des défenseurs ; nous pensons pourtant qu'il y a lieu à révocation.

En effet, j'ai bien légué la totalité de mes biens à un nouveau légataire ; mais pour l'accomplissement de ce legs, il faut que le précédent, c'est-à-dire le legs à titre particulier, ne puisse produire son effet, soit sans exécution ; et si mon premier testament subsistait, il arriverait fatalement que mon second légataire n'aurait pas la totalité de mes biens. La volonté du testateur ne pourra donc pas être accomplie, les intentions qui ont présidé à son changement de volonté seraient alors considérées comme non avenues : il y a donc incompatibilité.

Deuxième cas. — Mais le premier testament contient un legs particulier, et dans le second se trouve inscrit un legs à titre universel ; que faudra-t-il décider ?

Il y a une distinction à établir. Ainsi, admettons que le legs particulier porte sur des meubles d'une part, que le legs à titre universel soit constitué sur des immeubles, d'autre part; il n'y a pas dans ce cas incompatibilité; et l'évidence de cette proposition ressort assez d'elle-même. Supposons, au contraire, que le legs particulier porte sur des immeubles, et que mon testament postérieur institue Paul légataire à titre universel de tous mes immmeubles; dans ce cas, nous devrons nous prononcer pour la révocation.

Troisième cas. — Enfin chacun des deux testaments renferme un legs à titre particulier. — Quelle solution adopterons-nous?

Il y aura révocation dans le cas où le même objet sera légué à deux personnes différentes; il y aura « *translatio legati ab alio ad alium.* »

Au contraire, des objets différents ont été légués à deux personnes: il n'y aura certes pas incompatibilité entre ces deux legs, chacun d'eux pourra recevoir son exécution pleine et entière.

Toutefois, ces questions sont si délicates, qu'à notre avis, c'est souvent le juge seul qui, après examen et dans sa sagesse, après avoir fait la part des faits et des circonstances, devra décider chaque espèce, selon l'intention la plus probable du testateur.

La révocation tacite n'est pas, nous le savons, subordonnée d'une manière formelle à l'exécution du second testament; l'art. 1037 est formel sur ce point. Si le légataire est incapable de recevoir, s'il refuse le legs, la seconde disposition n'en sera pas moins valable, comme témoignage évident du changement de volonté du *de cujus*.

Dans une semblable hypothèse, et présentée sous cet aspect, la solution n'offre pas de difficultés.

Il faut toujours, et avant tout, se conformer le plus possible à la volonté du testateur, et l'évidence de cette volonté nous apparaìt clairement quand une seconde disposition testamentaire, contraire ou incompatible avec la première, est l'œuvre du *de cujus*. Il ne s'agit donc en rien de considérer que le second acte produise ou non son effet, c'est-à-dire qu'il reçoive ou non son exécution.

On peut pourtant se demander si la solution précédente doit être admise dans le cas où, par suite de la volonté même du testateur, par son fait, le second testament arrive à ne pas produire d'effet.

Ainsi, dans un premier testament, j'institue Primus mon légataire universel; par un testament postérieur, Secundus devient mon légataire universel. Les choses restent dans cet état pendant quelque temps; mais je vais un jour chez mon notaire, et là, par un simple acte notarié, je révoque mon second testament.

Doit-on conclure que mon premier testament revivra par le fait de la révocation du second?

Il y a ici une question de droit et une question de fait. Quant à la question de fait et d'interprétation, on admet, en général, que le testateur a voulu se reporter à son premier testament. En effet, le premier se trouvait révoqué par le second, mais celui-ci disparaissant, le premier testament recouvrant ses premières forces doit revivre; aucune volonté contraire du testateur ne lui fait obstacle, mais c'est là surtout un point de fait, et nous ne saurions donner une solution absolue et radicale.

Maintenant, admettons qu'en fait le testateur ait voulu faire revivre son premier testament, alors s'agite le point de droit; car nous devons nous demander si, par un simple acte notarié, le testateur a eu le pouvoir et le droit de faire revivre son premier testament.

Les uns prétendent que ce n'est que par une manifestation nouvelle de sa volonté, que le testateur pourra faire revivre son testament, et l'on ne peut, à un simple acte notarié, accorder le caractère d'un acte testamentaire. Dans ce système, le premier testament demeurerait lettre morte.

Nous pencherions pour l'affirmative. Examinons, en effet, les faits et gestes du légataire premier institué à l'ouverture de la succession. Le testament à la main, il réclame le legs à lui fait et demande ainsi l'exécution de la volonté du *de cujus*. On lui oppose le second testament qui révoque le premier, et, à son tour, il présente l'acte notarié qui révoque le second testament seul. C'est dans le premier testament, et non dans l'acte révocatoire passé devant notaire, que le premier légataire puise son titre et son droit, et ce n'est que comme moyen de défense et uniquement pour repousser le second testament qu'il use de l'acte révocatoire, mettant ici en action ce principe romain : « *non de jure testamenti quæritur, sed de viribus exceptionis.* »

II

ALIÉNATION POSTÉRIEURE DE LA CHOSE LÉGUÉE

La loi a considéré le fait de l'aliénation de la chose léguée comme indiquant catégoriquement le changement de volonté du testateur.

J'ai, par testament, en 1860, légué une maison sise à Paris à Pierre ; en 1862, je vends, j'aliène cet immeuble.

Aux termes de l'art. 1038, on est convenu de voir dans le fait de cette aliénation une révocation tacite. En vain, la nullité de la vente ou une autre cause ferait rentrer la maison dans mes biens, la révocation produirait néanmoins son effet.

Telle était la jurisprudence de Rome ; mais s'attachant rigoureusement à cette idée et à ce principe, l'aliénation de la chose léguée devient révocatoire uniquement parce qu'elle prouve un changement dans l'intention du testateur; on exigeait que la cause de l'aliénation pût fournir intrinséquement la preuve de la révocation.

La loi romaine (Instit., § 12, *De legatis*) cherchait minutieusement à distinguer si les circonstances de la vente prouvaient l'intention bien arrêtée de révoquer de la part du testateur.

Pour que la révocation fût valable, l'aliénation avait dû être volontaire et de plein gré, et pour diminuer la rigueur du droit, la présomption de révocation pouvait être attaquée et combattue par toutes les preuves contraires. Aussi cette aliénation n'était-elle pas révocatoire lorsqu'elle avait lieu sous la contrainte d'une nécessité urgente, ou bien encore, quand l'objet légué était rentré dans les biens du testateur par suite de circonstances indéterminées. L'héritier n'en était pas moins admis à faire valoir la preuve contraire, et, dans ce cas, ce n'était plus qu'une question de fait.

Notre ancien droit, interprète souvent fidèle de la législation romaine, s'était conformé à cette solution (Introd. au tit. XVI, Coutume d'Orléans, n° 128).

Pothier ne voyait pas de révocation dans la vente ou l'aliénation de la chose léguée avec faculté de rachat; car il ne considérait ces ventes avec faculté de rachat que comme faites le plus souvent sous l'empire de la nécessité, dans un extrême besoin d'argent.

Par suite de ce *droit de réméré*, l'objet légué est considéré comme n'étant jamais sorti des biens du testateur, et la conséquence de ce raisonnement est qu'il n'est pas censé avoir révoqué ledit legs.

Mais l'application de cette règle, admise par nos vieux juristes, soulevait des questions difficiles à résoudre.

Le code, s'inspirant d'idées nouvelles, les a toutes tranchées d'un seul coup, et c'est sous l'empire de cette législation oublieuse du passé, que nous étudierons l'art. 1038 ainsi conçu : « Toute » aliénation, celle même par vente avec faculté de rachat ou par » échange, que fera le testateur de tout ou partie de la chose « léguée, emportera la révocation du legs pour tout ce qui a été » aliéné, encore que l'aliénation postérieure soit nulle et que » l'objet soit rentré dans les mains du testateur. »

Notons que cet article commence par ces mots : « *Toute aliénation.* » Supposons que le testateur se borne à hypothéquer, au lieu de vendre, nous ne trouvons pas alors d'aliénation qui donne lieu à faire présumer la révocation ; l'hypothèque étant simplement un gage. Admettons, d'autre part, que le testateur grève seulement l'objet légué d'un usufruit, au lieu de l'aliéner en totalité ; c'est alors seulement une charge imposée au legs, et la révocation n'existe que sur l'usufruit (C. Nap., art. 1020).

Nous trouvons ensuite dans l'article précité une dérogation à l'ancien droit : « *Celle même par vente avec faculté de rachat ou par échange.* » *Quid*, si c'est par suite d'une expropriation forcée que l'objet légué est sorti des mains du testateur ?

D'après notre droit moderne, et comme conséquence des principes du code, cette question ne peut s'élever que dans le cas où, après avoir subi l'expropriation, l'objet légué est rentré d'une façon ou d'une autre dans les mains du testateur. Ici, la difficulté est plus grande : on pourrait, en effet, soutenir que dans une expropriation forcée il n'existe rien qui indique, qui prouve un changement de volonté.

Toutefois, nous admettons que l'art. 1038, si rigoureux, si absolu qu'il soit, est rigoureusement applicable ; et cette opinion, nous la puisons et dans le texte et dans l'esprit de la loi. En effet, cet article 1038 se distingue par sa netteté, sa précision et sa rigueur. Recherchons encore le but que s'est proposé le législateur ; il a voulu, c'est évident, prévenir tout procès à cet égard, et pour y parvenir, il a dû supprimer l'antique distinction, source abondante de tant de débats. Il n'a donc dû admettre qu'on pût se baser sur cette distinction désormais abolie, et qu'on pût faire revivre les dangers permanents qui en résultaient.

De nos jours donc, une seule chose est à considérer, c'est le fait accompli. L'objet légué, a-t-il, oui ou non, été aliéné ?

Nous n'avons plus à rechercher s'il y a eu changement de volonté, si le mode d'aliénation a été volontaire ou forcé, si la chose léguée est rentrée ou non entre les mains du testateur, car la solution sera la même dans toute sa rigueur.

Les conséquences difficiles dont se trouve hérissé le système opposé ont été la cause principale de la ruine totale sur ce point de notre législation ancienne.

Et, d'ailleurs, pour donner plus de force à l'argumentation, on pourrait dire, que si telle avait été l'intention formelle et bien arrêtée du testateur de conserver son legs au légataire, tous les moyens lui étaient procurés pour arriver à ce résultat. Il pouvait inscrire dans son testament qu'il voulait maintenir sa disposition, bien que la chose ne fût rentrée dans ses biens qu'après en être sortie.

Le testateur ayant négligé d'inscrire une telle clause, on doit conclure qu'il y a eu révocation tacite de sa part.

Dans l'hypothèse suivante, des mêmes principes naît la même solution : Pierre fait un testament en faveur de Paul ; peu après, il se livre à des actes de démence et l'interdiction s'ensuit. Dans un but de bonne administration, et toutefois, dûment autorisé, le tuteur vend les immeubles de Pierre. Celui-ci, revenu sain d'esprit, fait relever son interdiction et rachète la chose léguée et vendue, puis il meurt. Y a-t-il eu aliénation et partant révocation ? Ou bien la demande du légataire qui présente le testament de Pierre devra-t-elle être accueillie ?

Nous appliquerons encore le principe si absolu de l'art. 1038, et nous écarterons le légataire. En effet, c'est dans l'intérêt de de Pierre que le tuteur a pu vendre les biens de son pupille qui ne pouvait s'y opposer en rien. « *Factum mandatarii, factum mandantis.* » Pierre relevé de son interdiction avait la liberté de racheter l'objet vendu ; il avait, par des dispositions nouvelles, le pouvoir et le droit de tester en faveur de Paul, rien ne l'empêchait : son silence, au contraire, prouve qu'il a voulu rester sous le coup de la loi qu'il devait connaître et dans la situation qui lui avait été faite.

Mais supposons que l'aliénation de la chose léguée a été faite au légataire lui-même ; elle est restée sans effet, par conséquent la chose est rentrée dans les biens du testateur ; y a-t-il encore révocation ?

Oui, si l'aliénation a été faite à titre onéreux. Ici se présente une difficulté : *Quid Juris*, si c'est une donation, par exemple, que j'ai faite à mon légataire, et que cette donation soit nulle, doit-on se prononcer pour la révocation ? Nous ferons une distinction. En effet, nous pensons qu'il n'y aura pas lieu à la révocation du legs dans le cas d'une donation pure et simple ; c'est de la part du testateur un surcroît de bienveillance ; non seulement ce sera comme donataire, mais encore, en cas de nullité de la donation, ce sera comme légataire que Paul acquerra la propriété de l'objet légué.

Toutefois, il se pourrait qu'au lieu d'être pure et simple, la donation eût été faite sous des charges ou des conditions non inscrites dans mon premier testament. Ainsi, j'ai une maison à Rennes, je l'ai léguée à Paul ; deux ans après, je veux lui donner, entre-vifs, cette même maison, à charge par lui de payer à un tiers une rente viagère. Il arrive que la donation est nulle ; le legs est-il révoqué ?

Nous le pensons. Il y a eu, en effet, changement manifeste, variation dans la volonté du testateur ; le fait de l'aliénation postérieure le prouve, du reste; et, nous n'avons donc qu'à invoquer l'art. 1038.

Maintenant, demandons-nous si l'on doit se prononcer pour la révocation du legs, lorsque la vente, l'aliénation de la chose léguée a été faite sous condition suspensive.

Premier système. -- La révocation est pleine et entière : L'art. 1038, en effet, commence par ces mots : « *Toute aliénation* ; » de plus, s'il est juste de dire que l'aliénation faite sous condition suspensive n'a pas immédiatement un effet translatif de propriété, nous devons remarquer que l'intention du testateur de ne pas persévérer dans son legs ressort actuellement et est prouvée par le fait même de l'aliénation, et la révocation, nous le savons, ne résulte que de l'intention seule du testateur et non de l'effet légal de l'aliénation elle-même.

Deuxième système. -- Le système opposé nous paraît préférable : nous ne voyons pas alors dans la condition suspensive seulement l'incertitude de l'acte de l'aliénation, mais encore et aussi clairement l'incertitude dans la volonté d'aliéner chez le testateur.

On ne doit s'appuyer qu'avec une grande modération sur les termes généraux de l'art. 1038, et on ne doit les appliquer qu'à celles des aliénations qui témoignent manifestement de la volonté de se départir du legs. On doit présumer que le testateur qui n'a aliéné que sous condition, n'a aussi révoqué que sous condition.

Cette aliénation et ce legs conditionnels ne sont pas, en effet, deux titres dont l'existence soit maintenant incompatible : l'une des conditions ne s'accomplissant pas, il n'y aura jamais eu d'aliénation, ni en droit, ni en fait (Demolombe, Marcadé, Troplong).

Il est à remarquer que la révocation des legs provenant de l'aliénation de la chose léguée, ne s'applique jamais aux legs ayant pour objet l'universalité ou une fraction de l'universalité des biens.

Ainsi, j'institue Pierre mon légataire universel ; je ne possède alors, en grande partie, que des immeubles ; plus tard, je vends ces biens immobiliers et je ne possède plus que des capitaux. Dans ce cas, l'aliénation ne saurait frapper le titre de Pierre qui, d'après ma volonté, est universel.

Mais si j'avais légué à Pierre mes immeubles seuls à titre universel, et qu'au jour de mon décès il ne se trouve plus qu'une fortune mobilière, ce legs est révoqué de plein droit.

On ajoute encore, d'après l'art. 1038, que la révocation aura lieu, « *bien que l'aliénation postérieure soit nulle et que l'objet aliéné soit rentré dans la main du testateur.* » On ne doit, en effet, s'attacher qu'au fait même, à l'acte d'aliénation, et non à ses résultats, car c'est lui qui prouve le changement de volonté du testateur.

Cependant, ne serait-il pas bon de distinguer les causes de nullité ? C'est notre avis, et nous dirons que l'aliénation peut être nulle dans ces trois cas : 1° *Vice de formes ;* 2° *Incapacité d'aliéner ;* 3 *Vice de consentement de la part du testateur.*

Supposons l'aliénation nulle pour vice de formes ; l'art. 1038 sera toujours applicable dans son texte et son motif, car, malgré la nullité provenant de la forme, le fond ne reste pas moins valable.

Dans le cas où l'aliénation serait nulle par suite d'incapacité d'aliéner, on appliquerait le même raisonnement, et partant on en déduirait la même solution. Ainsi, une femme mariée, après avoir légué sa maison, l'a vendue à un tiers sans être autorisée. La vente peut être nulle, mais le droit qu'elle avait de révoquer son legs précédent reste indéniable.

Quant aux vices résultant du consentement, même doctrine et même solution.

Si, au contraire, il s'agit de *violence*, notre avis est que l'aliénation provenant de ce motif n'entraîne point la révocation du legs, du moment où la nullité a été prononcée.

Pour *l'erreur*, il y a matière à distinction : Le testateur, en effet, a pu vendre ou donner la chose léguée avec l'intention d'en aliéner une autre. Ici, il nous semble qu'il ne doit pas y avoir de révocation, puisque le testateur n'a pas même cru aliéner la chose léguée. Au contraire, si le testateur a donné à Paul ce qu'il croyait donner à Pierre, le legs sera révoqué, car on ne considérera que la question de fait, et, en fait, le testateur a eu l'intention d'aliéner.

Quelle solution admettre dans le cas de *dol* ou de *lésion* ? Il nous semble qu'il y a lieu à révocation : Le testateur a pu être trompé, ou lésé ; mais n'est-ce pas lui qui, de plein gré, a cherché à aliéner la chose léguée, son désir de vendre nous rend assez évident son changement de volonté, son intention de révoquer le legs.

III

LACÉRATION MATÉRIELLE DU TESTAMENT

La loi ne fait pas mention de cette troisième espèce de révocation, et logiquement il lui était impossible d'en parler, car elle s'occupe de la révocation, et toute révocation suppose évidemment l'existence d'un testament.

Devons-nous, dans ce travail, dire quelques mots de la lacération des testaments ? Nous le pensons, car ce sera pour nous l'occasion de discuter quelques points intéressants.

Nous ne nous trouvons plus en présence, comme dans les cas précédents, d'un testament qui se trouvant paralysé par diverses circonstances ne produit pas d'effet, mais qui a néanmoins une existence constante et bien marquée. Maintenant, au contraire, l'acte cesse d'exister, il ne possède plus son *agendi ratio*, et, d'après M. Troplong, il est réduit *ad non esse*. Alors, par la force même des choses, la révocation est évidente. Le fait du testateur montre clairement sa volonté de mourir *intestat*.

Quid juris, si le testament était seulement raturé ou bâtonné ? Laissons de côté le cas ou le testament serait complétement illisible ; mais il peut arriver que quelques-unes des dispositions se trouvent conservées. Y aura-t-il révocation? Oui, disent les lois romaines : « *Nihil interest adimatur quod scriptum est, indicatur.* »

La législation moderne est peu précise sur ce point; nous invoquerons la raison et le bons sens. Dans quel cas admettrait-on la révocation? C'est là une question de fait laissée à la saine interprétation des juges.

Empressons-nous d'ajouter que l'existence des dispositions testamentaires ne pourra être discutée et mise en doute que dans le cas où le testateur lui-même aura raturé ou bâtonné son testament. Mais il peut arriver qu'un homme, ayant fait plusieurs testaments olographes, détruise un seul des exmplaires et laisse subsister tous les autres. Doit-on admettre la révocation?

La solution négative nous paraît préférable ; car la loi a énuméré les différents modes de révocation qu'il est permis d'employer ; le testateur n'ayant usé d'aucun est présumé persévérer dans sa volonté ; les exemplaires resteront valables, malgré la lacération d'un seul. S'il ne subsistait qu'un seul exemplaire, nous admettrions de même qu'il n'y aurait pas lieu à révocation.

Ce principe peut, toutefois, subir certaines modifications et ne pas avoir toujours un effet analogue.

Un homme peut avoir fait deux exemplaires de son testament olographe, il en garde un pour lui et dépose le second entre les mains d'un tiers, puis déchire celui qu'il a conservé, tandis que le tiers conserve celui dont le dépôt lui fût confié. Qu'arrivera-t-il alors ? Il est clair que les héritiers du défunt demanderont à prouver par témoins que le testateur avait ordonné et enjoint au dépositaire de détruire l'exemplaire à lui remis. Nous pensons que les juges devront admettre la preuve, car il a pu vraiment y avoir dol ou fraude. Et le fait de dol ou de fraude prouvé, le légataire, auquel le legs avait été fait, ne pourra se baser sur le testament qui aura ainsi été révoqué tacitement pour réclamer l'exécution de son legs.

Il peut toutefois arriver que la révocation tacite qui résulte de la lacération de dispositions testamentaires puisse n'être que partielle. Il n'y a pas de raison pour que les dispositions laissées intactes soient considérées comme révoquées, et dès lors soient sans effet. C'était, d'ailleurs, ainsi en droit romain (Ulpien, Dig.). Si pourtant la lacération portait sur quelque partie constitutive du testament, celui-ci ne saurait valoir.

Nous nous demanderons si un testateur peut exiger d'un notaire la remise de la minute de son testament par acte authentique : La loi de ventôse an XI annulant un édit antérieur le défendit expressément.

Toutefois, la jurisprudence n'est pas bien d'accord sur ce sujet. Pourtant nous croyons qu'on peut appliquer la loi de ventôse ; le législateur a fourni au testateur des moyens de révocation, c'est à lui de s'en servir, s'il veut révoquer son testament authentique. Mais nous n'insisterons pas sur ce point, qui ne se rattache qu'incidemment à notre question.

Les différents modes de révocation par la seule volonté du testateur ont été soumis à notre examen.

Si nous avons consacré à cette partie de notre sujet quelque développement, si nous l'avons longuement étudiée, c'est que des difficultés nombreuses et d'une incontestable délicatesse se sont présentées à notre esprit et que nous avons fait tous nos efforts pour les résoudre.

DEUXIÈME PARTIE

RÉVOCATION JUDICIAIRE

.La révocation d'un testament peut avoir lieu, après la mort du testateur, par une décision judiciaire.

.En effet, de même que l'on a révoqué la donation pour cause d'indignité du donataire, de même le legs sera certainement révoqué par cause d'indignité du légataire.

Nous savons que ce mode de révocation existait à Rome, les anciens auteurs français en font mention. C'était à l'héritier qu'incombait la preuve du changement de volonté du testateur. A cet effet, on exigeait deux conditions: il fallait qu'il fût survenu entre le testateur et le légataire une inimitié capitale; de plus, le testateur ne devait pas avoir pardonné soit tacitement, soit expressément (Pothier, et Dig., loi III, § II, de *adimendis vel transferendis legatis*.

Pour nous, cette manière d'opérer était juridique, mais manquait de précision; on avait trop laissé à l'appréciation du juge.

Les rédacteurs du code ont mieux fait; ils ont précisé ce sujet dans les art. 1046 et 1047.

Nous rechercherons d'abord pour quels motifs la révocation du legs pourra être prononcée par un jugement après le décès du testateur, et, dans un second chapitre quels sont les délais accordés aux héritiers pour agir et former leur demande.

CHAPITRE I.

***

Pour quelles causes un testament peut-il être révoqué après le décès du testateur.

Toujours autoritaire et absolue, la loi a décidé l'annulation du legs, lorsque certains faits, certains actes personnels au légataire et indépendants de la volonté du testateur se produiraient.

Nous distinguerons quatre causes qui nécessitent ainsi la révocation du testament ; ce sont :

1. L'inexécution des charges et conditions imposées au légataire ;

2° L'attentat à la vie du testateur ;

3° Les excès, sévices ou injures graves envers lui ;

4° Une injure grave faite à la mémoire du testateur.

I

INEXÉCUTION DES CHARGES ET CONDITIONS.

Il y aurait certainement révocation du legs fait par le testateur pour inexécution des charges et conditions sous lesquelles ledit legs a été fait. Cette solution est de la plus grande équité et conforme à la raison.

Le testateur, en effet, possédait sa *nuda voluntas*, c'est-à-dire qu'il était maître absolu et parfaitement libre d'insérer dans son testament telles conditions qu'il voudrait à la charge de son légataire qui lui, de son côté, sera obligé et contraint de les exécuter en tous points, s'il ne veut encourir les risques d'une demande en révocation que les héritiers pourraient formuler contre lui et, par suite, voir son legs révoqué.

Ce sont, d'ailleurs, les héritiers reconnus par la loi du *de cujus* qui sont recevables à intenter cette demande.

II

ATTENTAT COMMIS PAR LE LÉGATAIRE SUR LA PERSONNE DU TESTATEUR.

Il est équitable de révoquer un legs pour inexécution des conditions, il ne l'est pas moins de le faire quand le légataire a commis un attentat contre la vie du testateur. On exige, il est vrai, un crime qui manifeste une volonté perverse. Toutefois, nous ne croyons pas qu'une condamnation soit indispensable ; il n'est pas nécessaire, à notre sens, que cette coupable intention ait été réprimée par les tribunaux ; ce qui est utile à prouver et ce qui est nécessaire, c'est la volonté odieuse du légataire et sa conduite impardonnable.

III et IV

EXCÈS ET INJURES GRAVES CONTRE LE TESTATEUR ET INJURES GRAVES A SA MÉMOIRE.

Nous joignons sous le même titre la discussion de ces deux motifs de révocation jndiciaire à cause de leur lien intime et, pour ainsi dire, de leur connexité naturelle.

Quant aux excès, sévices et injures graves envers le testateur, la question devient extrêmement délicate.

La loi, en effet, n'a pas défini, n'a pas précisé le sens de ces termes ; elle s'en est rapportée à l'appréciation des tribunaux.

Nous savons, toutefois, que la clause spéciale de révocation contenue dans l'art. 1046 produit son effet lorsqu'il y a injure grave faite à la mémoire du testateur. Les expressions du code sont à remarquer ; on ne peut dire d'une manière absolue que le légataire peut et doit être privé de la libéralité pour un crime quelconque, si odieux qu'il soit, par exemple, et doit-être privé de la libéralité pour un crime quelconque, s'il avait commis envers un tiers quelque grave attentat.

Il faut que l'acte reproché au légataire soit relatif au testateur et qu'il ait été commis par le légataire lui-même dans le but d'outrager la mémoire de *de cujus*. C'est entièrement une question de fait et d'appréciation dont la solution est livrée à la sagacité du juge.

Disons enfin que ce mode de révocation des testaments présente certaines ressemblances et certains points de différence avec la révocation des donations entre-vifs. Nous avons vu que l'art. 960, qui révoque les donations pour cause de survenance d'enfants, n'a pas ici de correspondant. Le testateur possède le droit d'annuler quand, où, comment et pour quel motif il lui plaira, sans l'aide de la loi. S'il ne le fait pas, il montre clairement qu'il persévère dans sa volonté et qu'il préfère, dans une certaine mesure, son testateur à son fils. Cette solution devra être admise dans le cas où le testateur aurait connu la grossesse de sa femme.

Quid, si le testateur meurt dans l'ignorance complète de la grossesse de sa femme ?

Le droit romain et nos anciens auteurs ont longuement argumenté sur cette grave et délicate question. A Rome, la loi 37, § 2 au Dig. *de militari testamento* révoquait le testament pour ce motif quand il s'agissait d'un testament militaire. Pothier nous autorise à dire que, dans notre ancien droit, cette solution était admise.

Et pourtant, malgré les circonstances fâcheuses qui peuvent être le résultat de notre solution, nous nous croyons contraints à dire, qu'à notre avis, la révocation n'aura pas lieu.

Les articles du code qui disent « *que la révocation n'aura pas lieu pour cause de survenance d'enfants* » sont trop absolus et ne comportent ni exception, ni distinction.

Remarquons que l'injure faite à la mémoire du donateur ne révoque point la donation, tandis qu'à l'adresse du testateur l'injure grave entraîne la révocation du legs (Art. 1047).

Il est facile de comprendre pourquoi le refus d'aliments ne constitue pas ici, comme en matière de donation, un fait d'ingratitude. En effet, le testament n'a d'effet qu'après la mort du testateur, on peut dire alors que la nature des choses y met obstacle.

CHAPITRE II

Dans quels délais les héritiers doivent-ils former leur demande?

Nous savons que les héritiers, quels qu'ils soient, possèdent le droit d'intenter l'action en révocation pour cause d'injures graves faites à la mémoire du testateur.

L'art. 1047 ncus dit « que l'action doit être intentée dans l'année à compter du jour du délit. ›

Mais ici se présente une question : Le délai doit-il courir à compter du jour du délit, ou, au contraire, devra-t-il partir du moment où les héritiers du testateur auront eu connaissance du délit?

S'attachant à toute la rigueur du texte, certains juristes ont pensé qu'il fallait faire courir le délai à partir du jour même du délit. Nous croyons, au contraire, que le délai ne pourra raisonnablement et légalement commencer à courir que du jour où les héritiers auront eu connaissance du délit ; car il est évident que, n'ayant pas connaissance du délit, ils ne pouvaient agir. D'ailleurs, l'art. 957 nous fournit une solution analogue qui nous paraît à la fois la plus juridique, la plus morale, la plus conforme à l'équité.

Quel sera cependant le délai, en cas d'inexécution des charges et conditions du legs ?

La loi ne s'est pas prononcée complétement sur ce point. Nous pensons donc que c'est ici le délai ordinaire accordé à toutes les actions pour être prescrites, nous entendons le délai de trente ans.

L'art. 2262, au titre de la prescription, nous dit, en effet, que « *toutes les actions, tant réelles que personnelles, sont prescrites par un délai de trente ans.* » Et le point de départ de ce délai doit être le jour où le légataire aura cessé d'exécuter les conditions à lui imposées.

Quid Juris, s'il s'agit d'attentat à la vie du testateur? Dans quel délai agir? Quelle est la durée de l'action révocatoire ?

On a soutenu, d'une part, que cette action en révocation du legs pour attentat à la vie du testateur devait durer autant que l'action répressive et criminelle, c'est-à-dire d x ans. A cet appui, on dit qu'il serait extraordinaire de voir un légataire jouir de son legs, alors que le ministère public pourrait le poursuivre et le faire condamner au criminel.

Tout d'abord, cette opinion paraît plausible ; cependant elle ne s'appuie sur aucun texte. Pour nous, nous préférons invoquer la loi et dire que l'action en révocation ne doit durer qu'un an. En effet, l'art. 957 nous apprend que la révocation pour cause d'ingratitude ne peut être intentée après un an, et parmi les causes flagrantes d'ingratitude, nous trouvons certainement l'attentat à la vie du testatenr.

Ce qu'on a dit à juste titre du donataire doit être également pensé du légataire, qui est cependant moins coupable, s'il est permis d'employer cette expression, puisque, par la donation, le donateur se dessaisit actuellement, irrévocablement de ses biens, tandis que le légataire n'a qu'un droit variable et révocable.

Pour les injures et sévices faits du vivant du testateur et à la personne même du testateur, ils ont pu être pardonnés ; ainsi donc, si le testateur a laissé passer plus d'une année sans révoquer son testament, il est présumé avoir pardonné ; nous induisons cette opinion de l'analyse de l'article 957 du code Nap. L'action ne passera donc à ses héritiers qu'autant qu'il sera mort en ignorant le délit, ou dans l'année à partir du jour où il connu. Nous ajouterons que les héritiers du testateur ne peuvent, selon nous, demander la révocation dans l'année, à partir du jour du délit, qu'autant que le testateur lui-même n'aurait pas pardonné l'offense.

CONCLUSION

Nous avons essayé d'esquisser, dans cette étude, les principales questions sur la révocation des testaments. En terminant, il nous semble convenable d'énumérer les cinq grands principes qui se sont fait jour dans ce travail :

1° La faculté de révocation est essentielle ; le testateur ne peut y renoncer ni directement, ni indirectement ;

2° Si le testateur ne peut rien ajouter aux conditions que la loi exige pour la révocation des testaments, réciproquement, il ne peut en rien diminuer ;

3° Pour révoquer, il faut être sain d'esprit, comme pour disposer ;

4° La révocation des dispositions testamentaires peut être totale ou partielle ;

5° Toutes dispositions contenues dans un testament sont soumises à cette faculté de révocation.

Telles sont les règles capitales qui nous ont guidé dans l'étude de cette délicate matière, règles qui sont, comme l'a dit un éminent jurisconsulte « la garantie indispensable contre les entraî-
» nements irréfléchis et contre les manœuvres à l'aide desquelles
» le testament aurait pu être surpris ou arraché, » et qu'il faut toujours appliquer. pour arriver à une solution véritablement morale et équitable.

POSITIONS

DROIT ROMAIN

I.—Quum mandatarius pluris emerit quam ei mandatum est, melius erat in jure prisco cum Sabino dicere eum adversus mandatorem usque etiam ad pretium statutum nullam habere actionem.

II.—Qui mandatum suscipit susceptum adimplere debet ad exactissimam diligentiam.

CODE CIVIL

I.—La mention du jour et de l'heure du décès faite par l'officier de l'Etat civil ne doit pas avoir une force probante.

II.—Les étrangers sont capables d'adopter ou d'être adoptés.

III.—Un interdit ne peut valablement tester même dans un intervalle lucide.

IV.—La destination du père de famille s'applique aux servitudes apparentes, mais non continues.

V.—Les intérêts des avances faites par le gérant d'affaires ne courent qu'à partir d'une demande en justice.

VI.—L'hypothèque est un démembrement de la propriété.

PROCÉDURE CIVILE

Les agréés des tribunaux de commerce ne sont pas comme les avoués soumis au désaveu.

DROIT PÉNAL

Une attaque à la propriété ne constitue pas le propriétaire en état de légitime défense.

DROIT COMMERCIAL

Le commissionnaire et le mandataire qui tous deux contractent pour le compte d'autrui se distinguent en ce que le commissionnaire traite en son propre nom, tandis que le mandataire traite au nom de son mandant.

DROIT ADMINISTRATIF

Lorsque la commune est appelée à subvenir aux réparations d'une église ou aux besoins du culte, en cas d'insuffisance des revenus de la fabrique, le conseil municipal peut exiger préalablement au vote la communication des comptes et registres de la fabrique.

Ferdinand COUILLARD.

Vu pour l'impression :

Le Doyen,

ED. BODIN.

Rennes. — Typ. HAMON.